AF313772

Vente du 28 Novembre 1904

(SALLES SILVESTRE, A TROIS HEURES ET DEMIE)

COLLECTION L. B.

EX-LIBRIS ANCIENS

ET MODERNES

FRANÇAIS ET ÉTRANGERS

DEUXIÈME PARTIE

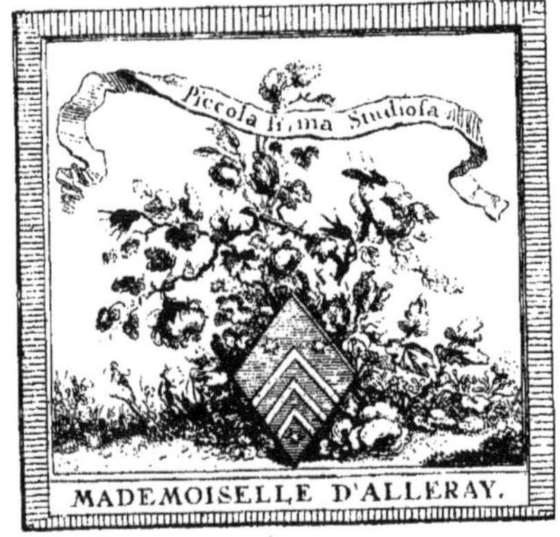

Nº 593 Catalogue.

PARIS

ÉM. PAUL ET FILS ET GUILLEMIN

LIBRAIRES DE LA BIBLIOTHÈQUE NATIONALE

28, RUE DES BONS-ENFANTS, 28

1904

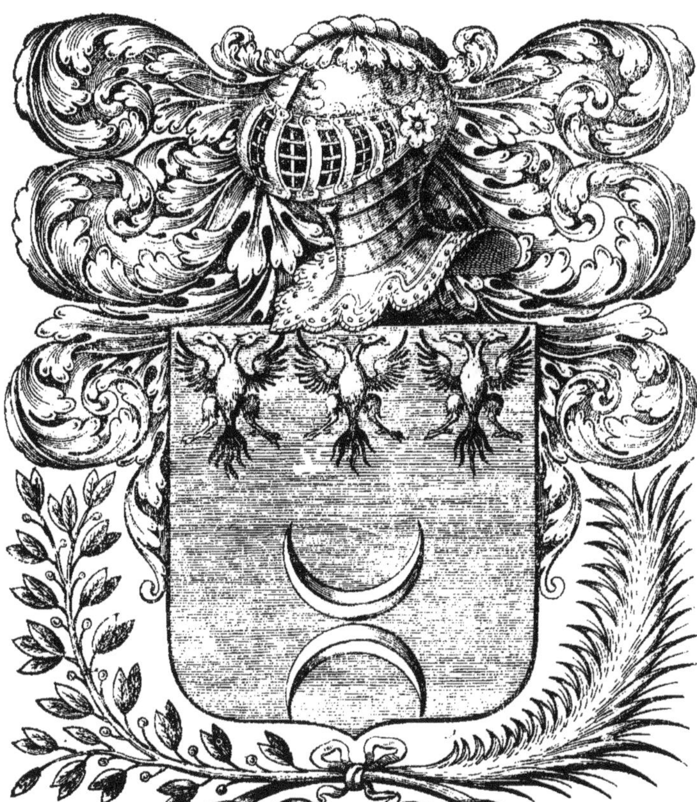

N° 382 de Catalogue.

EX-LIBRIS ANCIENS

ET MODERNES

FRANÇAIS ET ÉTRANGERS

DEUXIÈME PARTIE

LA VENTE AURA LIEU

Le Lundi 28 Novembre 1904, à 3 h. 1/2 précises du soir

Dans les Salles de Ventes aux Enchères

DE LA LIBRAIRIE ÉM. PAUL ET FILS ET GUILLEMIN

28, rue des Bons-Enfants, 28 (Anciennes Maisons Silvestre et Labitte)

SALLE Nº 1

Par le Ministère de Mᵉ **MAURICE DELESTRE**, Commissaire-Priseur

5, RUE SAINT-GEORGES, 5

Assisté de **MM. ÉM. PAUL et FILS et GUILLEMIN**, Libraires-Experts

28, RUE DES BONS-ENFANTS, 28

EXPOSITION PARTICULIÈRE

Du Lundi 21 au Mercredi 23 Novembre 1904

28, RUE DES BONS-ENFANTS

De 3 heures à 5 heures

ORDRE DE LA VACATION

NUMÉROS 711-750

— 562-710

CONDITIONS DE LA VENTE

La vente se fait expressément au comptant.
Les acquéreurs payeront 10 pour cent en sus des enchères.

**Les Experts chargés de la vente rempliront les commissions
des personnes qui ne pourraient y assister.**

EX-LIBRIS ANCIENS

ET MODERNES

FRANÇAIS ET ÉTRANGERS

DEUXIÈME PARTIE

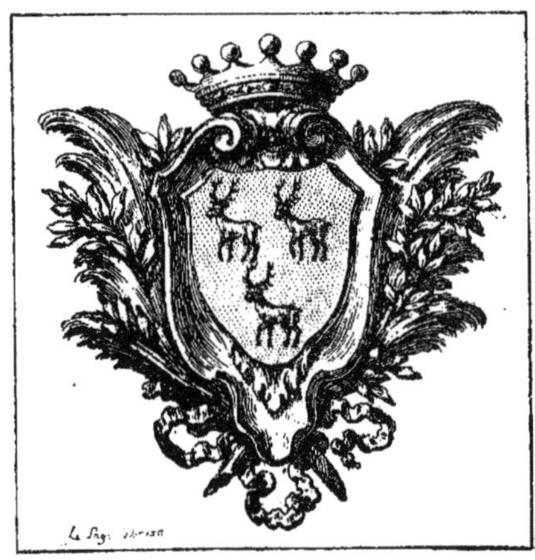

Nº 638 du Catalogue.

PARIS

ÉM. PAUL ET FILS ET GUILLEMIN

LIBRAIRES DE LA BIBLIOTHÈQUE NATIONALE
28, RUE DES BONS-ENFANTS, 28

1904

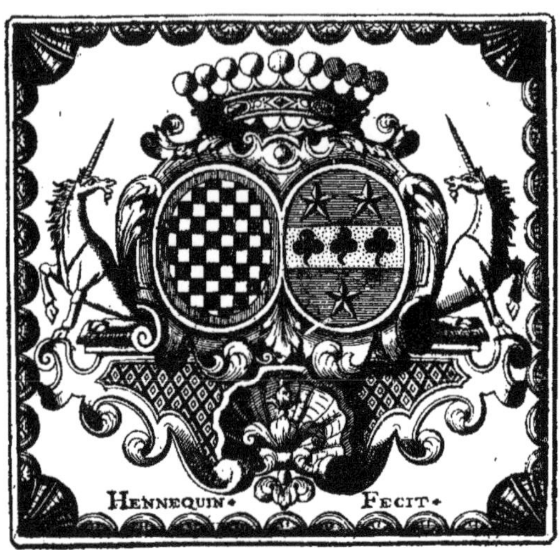

N° 573 du Catalogue.

EX-LIBRIS

FRANCE

XVIIᴱ SIÈCLE

562. Anonyme. (*D'argent au lion de gueules à la bande d'azur, chargée en chef d'une fleur de lis d'or, brochante sur le lion*); **in-8** en largeur.

563. Anonyme. (*D'azur à l'aigle de sable, au chef d'argent chargé de trois trèfles de...*).

564. Anonyme. (*D'azur, à une ruche surmontée d'un soleil et accostée de 6 abeilles d'or*), **gr.** par *J. Gosset* et accompagné de la devise : *Miscuit utile dulci.*

5

565. Anonyme. (*D'azur à trois fasces d'argent, au sautoir de gueules brochant sur le tout*), gr. par *J. Col.(in).*

566. Anonyme. (*D'or, au léopard de sable, au chef emmanché d'azur chargé de fleurs de lis d'or*); in-4.

Ex-libris d'une abbaye de Normandie. — Superbe pièce à toutes marges.

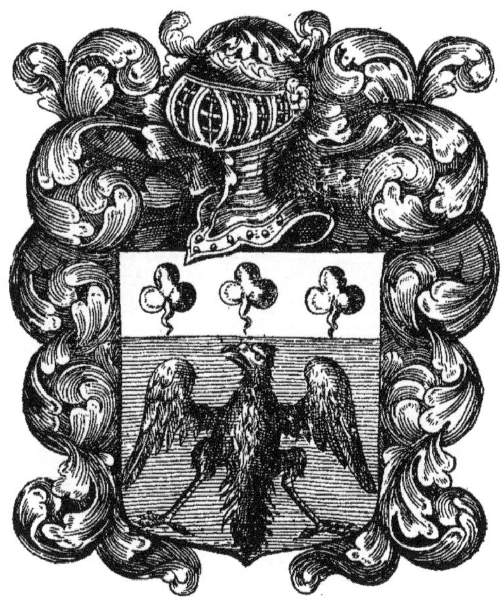

N° 563 du Catalogue.

567. Anonyme (Monogramme formé des lettres *G. J. L. S.* dans un joli cartouche très ornementé); in-8.

Très belle pièce.

568. (Bec-Hellouin), abbaye de l'ordre de Saint-Benoît, diocèse d'Évreux; in-8.

569. (Bigot.)

État avec le chevron chargé au sommet d'un croissant d'argent. — Également attribué à *Caradas*, famille normande.

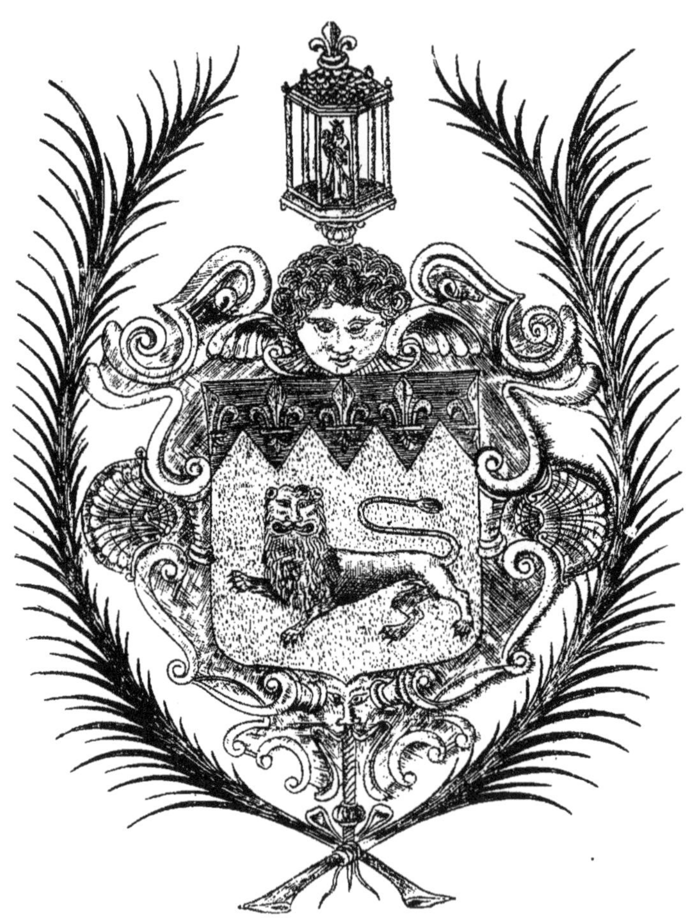

Nº 566 du Catalogue.

570. Bouhelier de Beaulieu (Constantin), en Bourgogne ; 1679.

Très jolie pièce *dessinée et peinte en couleur* sur un feuillet de garde, avec le nom du propriétaire sur le feuillet correspondant.

571. Bulteau de Préville (Pierre), par *P. Giffart.* — 3 pièces in-16, in-12 et in-8.

572. (Clopin), amateur dijonnais.

Belle épreuve à toutes marges.

573. (Digoine?), accolé de..., par *Hennequin.*

574. (Geuffrin) (Madame de), née de La Haye des Fossés ; in-8.

Jolie pièce. — Épreuve rognée.

575. Huet (Pierre-Daniel), évêque d'Avranches ; 1692 ; in-4.

Très belle pièce.

576. (Le Gendre de Saint-Aubin), gr. par *P. Giffart.* — (Le Gendre de Lormoy). — Ensemble 2 pièces.

577. (Le Masle, Michel), abbé des Roches, secrétaire de Richelieu.

Rare. — Belle épreuve à toutes marges.

578. Le Vignon (François), docteur médecin à Paris, par *Boulonois;* petit in-4.

Très belle et très rare pièce.

579. (Lhoste de Beaulieu), par *R. Dupuy*, 1688; petit in-4 en largeur.

Pièce très rare. — Petite déchirure à l'un des angles supérieurs.

580. Menestrier (le P. Claude-François), célèbre antiquaire lyonnais, auteur de l'*Art du Blason* (1631-1705).

Étiquette in-12 en largeur (4 lignes typographiées). — Très rare.

581. Pellot (B.-B. de), premier président au Parlement de Normandie, gr. par *J. T.* (*Jean Toustain*); petit in-8 en largeur.

Épreuve intacte, rare en pareille condition.

582. (Perrot d'Ablancourt) ; in-8.

Jolie pièce, très rare.

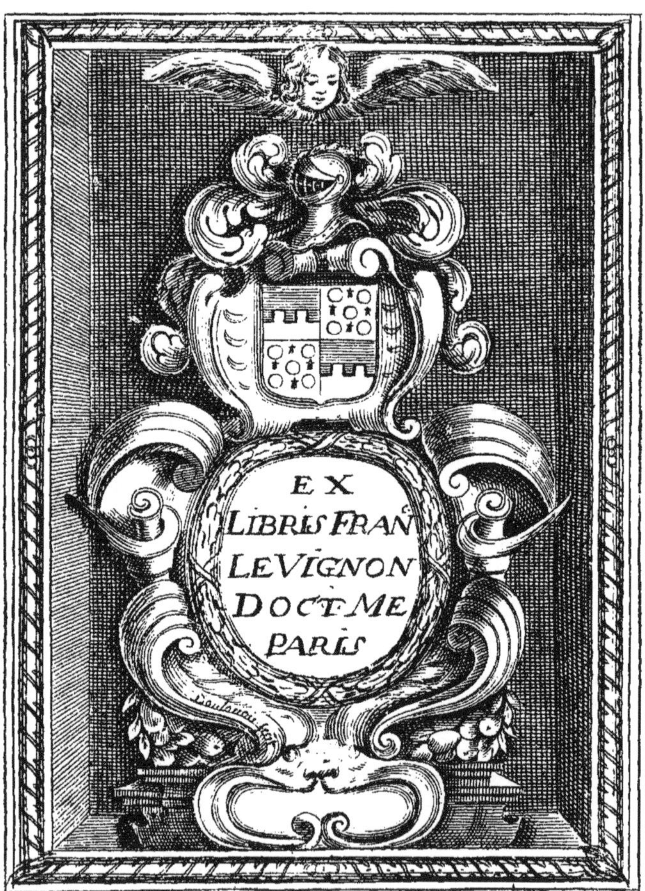

Nº 578 du Catalogue.

583. Sainte-Marie (A.-C. de), marquis d'Auvers.

584. (Vachon) (le Président). — 2 variantes.
D'azur à la vache d'argent et *de sable à la vache d'or.*

---

585. Ansart de Mouy. — L.-B. Barbier (détérioré). — (Chauf-
four). — (Corberon). — Courtin de Perreuse. — (J.-B. Cusset).
— (Le Féron d'Éterpigny). — (De Meffray). — Mennesson. —
Jacques Molinier. — Ant. Pecquet. — Perrey. — Ensemble
12 pièces.

586. (Bignon). — Bonnier. — Brisseau. — Carpentier. — Cau-
martin; 2 pièces différentes. — Courtin de Perreuse. — Cré-
meaux d'Entragues (nom gratté). — (Cusset). — Doyen. —
Thomas Du Fossé. — (Girardot de Préfonds). — La Haye des
Fossés. — Mainssonnat. — (Meffray). — Ensemble 15 pièces.

587. (Gondi de Retz). — (La Bastie?). — (du Vieuxchatel). —
Huit anonymes. — Ensemble 11 pièces.

588. Montméa (Jean-Étienne). — Perrey. — (Rouillé du Cou-
dray); 2 pièces différentes. — Tralage. — Louis de Vienne,
par *J. Gosset.* — Huit anonymes. — Ensemble 14 pièces.

589. (Pourroy de l'Auberivière). — Robilliard. — Cl.-Bernard
Rousseau. — Claude Ruffier. — Thomas du Fossé. — Sept anonymes. — Ensemble 12 pièces.

XVIIIᴱ SIÈCLE

590. (Albert de Luynes, duc de Chevreuse), gr. par *Roy.*
Premier état : Armes simples; 10 drapeaux.

591. — Le même, gr. par *Roy.*
Deuxième état : Armes simples; 18 drapeaux.

592. — Le même, gr. par *Roy.*
Troisième état : Armes complètes, colliers du Saint-Esprit et de Saint-
Michel; 20 drapeaux.

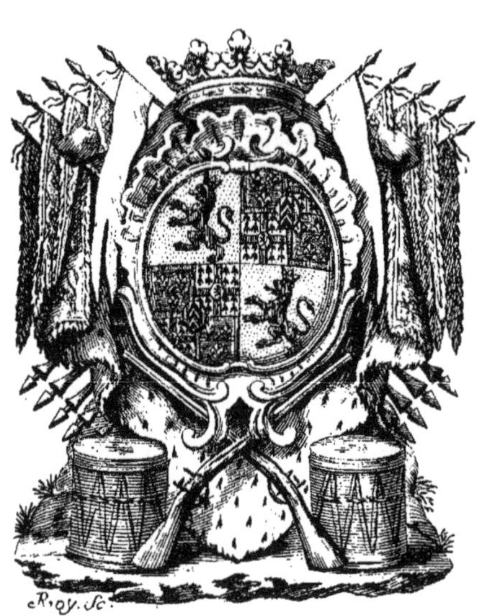

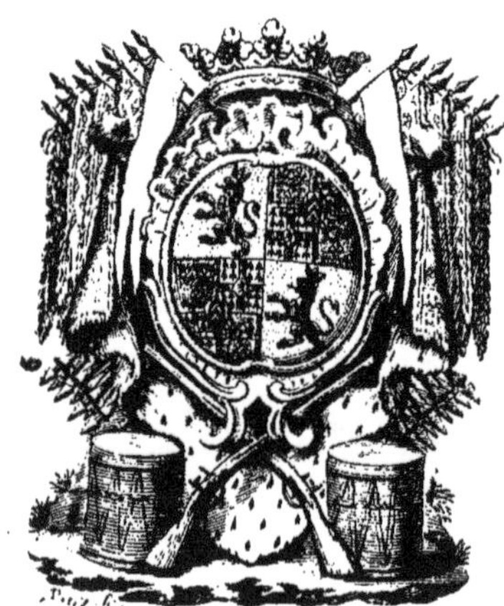

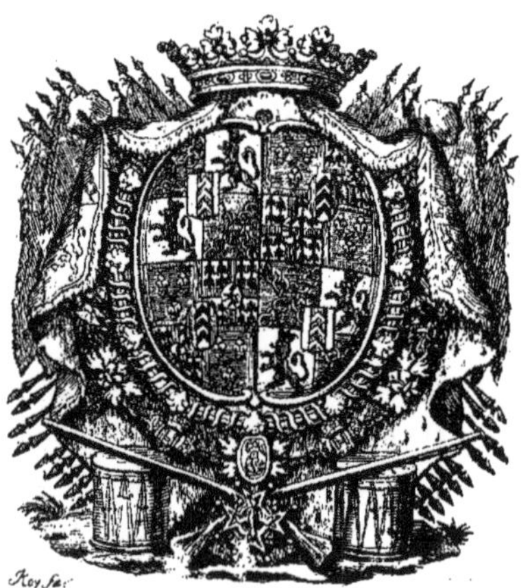

N°s 590 à 592 du Catalogue.

593. Alleray (Mademoiselle d').

Jolie pièce, rare.

594. Anonyme. (*D'argent au cerf de…*).

Curieuse et jolie pièce.

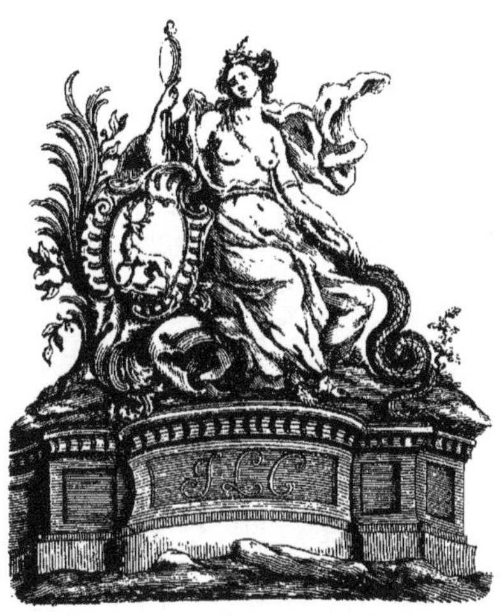

595. Archambault (D.-D. d'), gr. par *Sergent-Marceau*, à Chartres, en 1778.

Jolie pièce.
2 exemplaires.

596. (Baudouin) (comte de), 1716-1797, gr. par lui-même.

Jolie pièce, rare.

597. Beaune (Collège de).

Épreuve AVANT LA LETTRE. — Rare.

598. Bercheny (le maréchal comte de); in-8, gr. sur bois.

Rare.

599. Bourbon-Busset (le Vicomte de), gr. par Mme *Jourdan;* 1788. — Louis-Antoine-Paul BOURBON-BUSSET, *citoyen français;* *1793.* — Ensemble 2 pièces.

600. Boyveau (P.), *D^r en médecine connu sous le nom de l'Affecteur.*
— 2 variantes.

Les armes de la première pièce sont surmontées d'une couronne ; celles
de la seconde (très rare) d'un *bonnet phrygien.*

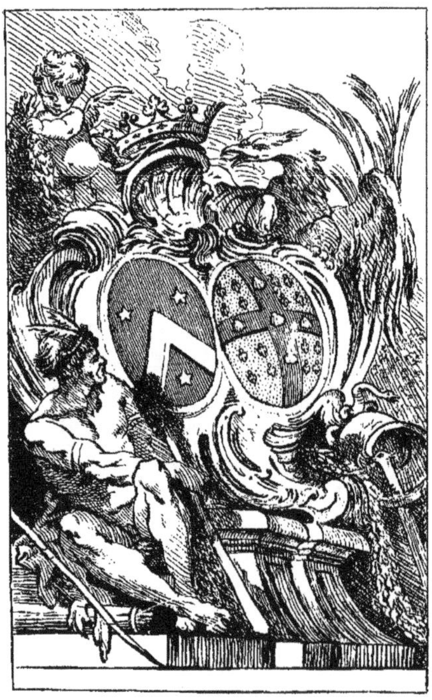

N° 610 du Catalogue.

601. Brisay (L.-R. de). — Courtois (d'Arcollières). — **Ensemble**
2 pièces.

Ex-libris *manuscrits,* dessinés et peints en couleur.

602. Bu de Lonchamp (du), gr. par *Ollivault.*

Très belle pièce. — Épreuve sans marges, le nom du graveur manque.

603. Campan (M^(me)), femme de chambre de la reine Marie-Antoi-
nette.

Petite pièce fort rare.

604. Champcenetz (de); in-8.

605. Chateaugiron (G.-M. de).

Joli petit intérieur : un prêtre lisant dans son cabinet de travail.

606. (Clusel) (M^(me) du).

Jolie pièce.

607. Cottier (Charles), premier consul de Carpentras, conseiller
à la Cour de Nîmes. — 28 variétés.

Très curieuse réunion d'étiquettes ornées d'encadrements typographiques
ou gravés sur bois.

608. Cougniou de Marville (M.-H. de), gr. par *Huquier fils*.

609. Crécy (M^(me) de POMPADOUR, pour la bibliothèque de son château de).

Petite pièce rare, tirée sur papier jonquille.

610. (Crozat, baronne de Thiers) (M^(me) de). née de Montmorency-
Laval ; par *F. Boucher ;* in-8.

Jolie pièce.

611. Dechanrenault (Jac.-Ant.), gr. par *Monnier*.

Très jolie pièce.

612. Deschamps (J.-B.), gr. par *N. Le Mire*. — 2 états différents.

613. Du Pré de Saint-Maur (Ant.-Louis), officier aux gardes
françoises, par *Lebeau*.

614. Estival (abbaye d'), près Saint-Dié ; 1735 ; par *Nicole*, à
Nancy ; petit in-8.

615. (Froment de Champlagarde), bailly de Versailles au
moment de la Révolution, né à Tulle, gr. par *P. C. J.*, en 1785.

Épreuve AVANT LA LETTRE de cette jolie petite pièce.

616. Gémeau (Nicolas-François), dessiné et gr. par *A. Duplessis*,
à Villefranche en Beaujolais; petit in-4.

Superbe pièce, très rare.

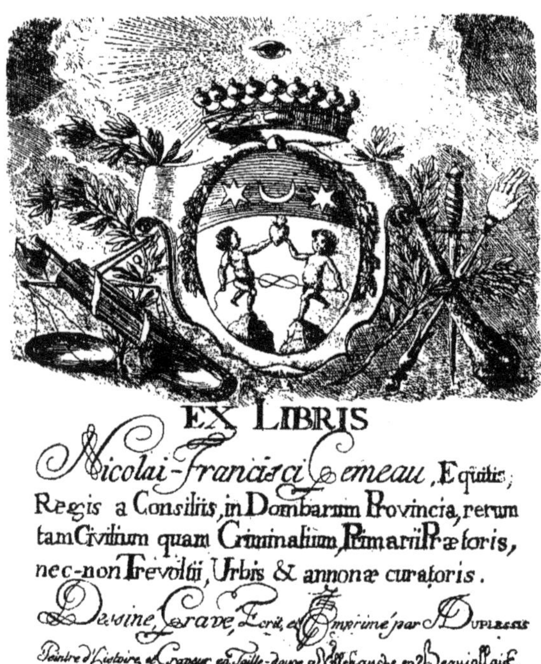

617. **Hénault** (le Président), (gr. par le *comte de Caylus*, d'après
Boucher); petit in-8.

618. **Hozier** (Louis-Pierre d'), généalogiste, juge d'armes de
France. — 2 pièces in-16 et petit in-8.

619. **(La Trémoille).**

Jolie et très rare pièce.

620. Laus de Boissy. — 3 pièces différentes dont deux in-12
et une in-8.

621. Lavoisier, par *de La Gardette*.

622. Lejourdan, conseiller en l'Amirauté ; 1786. — 2 pièces différentes, in-12 et in-8.

623. Mellet (Élisabeth-Mélanie Le Daulceur, comtesse de), gr.
par sa sœur *Louise Le Daulceur*, d'après *Ed. Bouchardon ;* in-12.
    Jolie pièce.

624. (Michel de Léon). — 5 pièces différentes, dont deux in-4.
    Très belle série complète, difficile à réunir.

625. Mignot de Montigny, gr. par *Louise Le D(aulceur)*, d'après
Pierre. — Le même, anonyme, gr. par *Mme Le D(aulceur)*. —
Le même, timbre armorié. — MIGNOT (Alexandre-Jean), abbé
de Scellières. — Ensemble 4 pièces.

626. Millet de Chevers, gr. par *Collin*, à Nancy ; 1756.

627. Monspey (de) ; in-12 en largeur.
    Curieuse pièce.

628. Musset-Depatay (Victor et Louise de).
    Curieuse et jolie pièce, rognée dans sa partie inférieure.

629. Nicole, conseiller.
    Jolie et curieuse pièce, avec vue de bibliothèque.

.630. Norblin.
    Jolie petite pièce gravée à l'eau-forte représentant un paysage, avec le
nom du propriétaire gravé sur un rocher.

631. Notre-Dame-Saint-Louis (Bibliothèque paroissiale de) ;
in-8. — 2 variantes.

632. Pons (le marquis de). — Mme la marquise de PONS. — 2 pièces
différentes.

633. Pont-à-Mousson (Bibliothèque de Sainte-Marie Majeure à) ;
gr. par *Nicole*, à Nancy, en 1751 ; in-8.
    Rare.

634. Roger (Simon-Robert), avocat. — 2 pièces in-12 et in-8.

635. Rouen (Collège archiépiscopal de Bourbon, à); in- 4.

636. (Séguier), par *Branche;* in-8 ovale.

637. Souchay (P.-H.).

> Pièce fort rare. — L'écu, surmonté d'un casque, est accroché à une colonne.

638. (Trudaine) (le comte de), gr. par *Berthault* d'après *Le Sage;* in-16.

> Pièce très rare, véritable ex-libris, différente de celle qui figurait à la vente J. M. (avril 1901).

639. Vacher (Louis), gr. par *Monnier;* 1768.

640. (Valory) (le comte de), gr. par lui-même, d'après *F. Boucher;* petit in-8.

> Jolie pièce; rare.

641. Victoire de France (Madame), fille de Louis XV; gr. par *C. Baron.*

642. Vintimille (Mme de).

---

643. (Albert de Luynes); 2 variantes. — ALLARD DU BOURGET; 2 états (noir et sanguine). — ANCELOT. — (ARCUSSIA). — d'ARGENSON; 2 pièces différentes. — ARMES-MARTIN. — AUBIN. — AUBRET. — AUBRY, par *Martinet.* — Ensemble 12 pièces.

644. (Bachelier). — (BACHELIER DU PINIER). — Mis de BALLEROY. — C. BALLIÈRE, par *Jacques.* — H.-Th. BARON. — (L'abbé BARON). — BAUDELOT, par *Corlet.* — (BAUFFREMONT). — (BEAUDOIN DU BASSET). — (de BELLAUD). — (Louis BELLI). — (BENOIST). — (Nic. BERGEOT). — (BÉTHUNE, duc de Charrost). — Ensemble 14 pièces.

645. Bizemont. — BOILEUX, par *Malbeste.* — BOILLOT. — (BOISGELIN). — Comte de BOIZÉ, par *L. Legrand.* — Ed. de BONA. — Th. de BORDEU. — J.-E. BORDIER. — Fr.-Gilles BOUCHÉ D'URMONT. — J.-B.-Ant. BOUILLET DU CRY. — Ant. BOULA DE MONTGODEFROY. — De BOURGONGNE, par *Roy.* — BOURLIER l'aîné, 1750. — L'abbé de BOURZAC; 2 pièces différentes. — Ensemble 15 pièces.

646. Boutaudon. — (De Boynes). — Bramand. — Bretin. — Duc de Brissac, par *George*. — Brochant du Breuil, gr. par *Mathey*. — De Broglie. — Ch. de Brosses, par *Durand*. — Bullier. — Busquet. — (Cadoine de Gabriac), par *Joseph Lemaire*. — Cambacérès fils. — Fr.-Tristan de Cambon, évêque de Mirepoix, par *J. Mercadier;* in-8. — Camelin. — Canclaux. — Ensemble 15 pièces.

647. Cannac. — J.-L. Carbon. — (Nicolas de Changy). — Chardon. — Chaumejan. — (Chauvelin). — Chavane. — Chiquet de Champ-Renard, gr. par *Mlle Fonbonne*. — (Choiseul). — Claret de la Tourette; 1719. — Clary de St-Angel. — (Clermont-Gallerande). — Clinchamp-Bellegarde. — P. Cochon. — (Isaac Beer). — Ensemble 15 pièces.

648. Cochin (Jean-Denis). — Colas de la Noüe. — (Colbert de Saintard). — (Colomb). — Constantin. — P. Ant. Convers, par *L. Mounier*, 1762. — P.-Fr. Coppette. — Coquereau. — Correard. — Coste de Champéron. — Henri-Daniel Cottin. — Cottin de Fontaine, par *T.-C. Guillaume*. — Comte de Courten, par *Brupacher*, 1773. — De Cressia, par *J. Striedbeck*. — Ensemble 14 pièces.

649. (Crussol d'Uzès). — Damours. — Daymar. — Defauconpret de Thulus. — Delacour, 1727. — J.-B. Delamichodière. — César Dellient. — Desains. — Deschamps de St-Amand. — L. Desforges. — Desligneris. — Desloges. — L'abbé Désmarestz, gr. par *Chevalier*. — Des Tables. — L. D'Eurre. — Ensemble 15 pièces.

650. Deu, gr. par *Varin*. — Devilliers, par *Poletnich*. — D'Hyenville, gr. par *Viotte;* 2 états dont l'un *tiré en bleu*. — F.-J. Dionis, abbé de Cuissi. — (Doger de Spéville). — Dompierre. — Doüet de Vichy. — Droz, par *Micaud*. — Dubois. — Dubois de Courval. — Ch. du Boutet. — (Du Breuil). — Ant. Duchesne. — Du Metz. — Ensemble 15 pièces.

651. Dumont (J.-F.-J.). — Dunod. — Du Resnel. — Durey de Noinville; 1736. — Durieux de Beaurepère. — Henry Du Rosnel. — Louis d'Espiennes. — (Estavayé). — (Estienne). — D'Estourmel. — Failly. — Farmain. — (Favart); 2 pièces différentes. — Fauvel. — (Fenille). — Ensemble 16 pièces.

652. Fevret de Saint-Memin. — (Fezay). — (Ficquet du Bocage), gr. par *Gamot*. — Fiévet. — Flamen d'Assigny (épreuve raturée). — Le chevalier de Fleurieu. — Bernard Florin. — (Fontanelli); 1736. — Formentin, par *Chollet*. — (Fouquet de Belle-Isle). — B.-H. de Fourcy. — Nic. Frémyn. — Fréval. — Fyot, par *Durand*. — Ensemble 14 pièces.

653. Gaillard (Jacques), gr. par *Jacques*. — Gallatin, par *Robin*. Le chevalier de Galle. — Garnier. — F.-T. Gauthier. — P.-L. Gautier. — Genéé-Destournelles. — (Gentil-Muiron, gr. par *Merché*). — (Gérente de Sénas). — Giffon, par *Veyrier*; 1756. — (Gillès). — J.-F. Gillet; 1778. — Goislard de Monsabert. — (Gontaut-Biron). — (Goyon de Thorigny). — Ensemble 15 pièces.

654. Grasset. — Gravelle de Fontaines, gr. par *Goüel*. — Grumet. — Guibert. — (Guillebon), par *Jacques fils*. — Guillemart, par *Durand*. — D'Hailly. — (Hennequin). — D'Héricourt. — Alex. d'Hermand. — D'Houdemare, par *Goüel*. — Huguenin-Dumitand, gr. par *Thévenard*. — Abbaye de Notre-Dame d'Issoudun; 2 pièces différentes, dont une anonyme. — (Jaucourt). — Ensemble 15 pièces.

655. Hurson; 2 pièces différentes. — Jaume. — Journu. — (Jubert de Bouville). — Juigné. — Juillet. — Labastie. — La Calprenède. — La Cressonnière, par *Merlot*, 2 variantes. — La Fare. — (La Jonchère). — Lalaure. — Lalive d'Epinay. — Ensemble 15 pièces.

656. Lallemant de Betz. — La Motte. — Lanau (gr. par *Michel*). — (Langlois de Motteville). — Michel Lardet. — (La Rochefoucauld). — La Rochefoucauld de Magnac. — La Salle-Saint-Bois. — La Salle de Villeauval. — La Tour du Pin de la Charce, par *Brenet*; 1746. — Laumonier, par *Docaigne*; 1762. — Laussat, par *Baour*. — (Lautrec). — (Laverdy). — Ensemble 14 pièces.

657. (La Vernette Saint-Maurice); 2 pièces différentes dont une par *Louise du Vivier*, 1737. — Le Boucher, par *Decaché*. — Lébourg. — (Nic. Le Camus). — Le Cat, gr. par *Herisset*. — (Le Couteulx). — L'Ecuy. — Le Doux; 2 pièces différentes dont une gr. par *Coutellier*. — Le Dru. — Le Febvre du Grosrier. — Lelarge d'Eaubonne. — Le Pecq? (pour Du Douet). — (Le Peigné d'Ouménil). — Ensemble 15 pièces.

658. (Le Pelletier de Saint-Fargeau). — Le Prince de Beaufond. — Le Roy, par *Jacques*. — Le Sage; 3 pièces différentes, dont une étiquette. — Le Seigneur. — Le Tellier de Courtanvaux. — Le Tors de Chessimont. — Le Vacher du Plessis. — Le Veneur. — Lissoir. — Lobier. — Louis le Fils. — Ant. Louis; 2 pièces différentes, dont une anonyme. — Ensemble 16 pièces.

659. (Lucenay), par *Roy*. — Macquart-Deterline, par *Merché*. — Magne, par *Godard jeune*. — (Malezieux). — Séraphin Malfait, par *Durig*; 2 variantes. — Maranville. — Mareschal de Montéclain. — Margue. — Marié de Toulle; 2 pièces différentes. — Marin. — De Masur. — Maurier. — Maury. — Meaux. — Ensemble 16 pièces.

660. Ménage de Mondésir. — Michau de Montaran. — Léonard Michon; 1722. — Midy; 2 variantes. — Mionnet. — Monlaur. — Morel d'Epeisses. — Mousset; 1774. — N. Multz. — Murat; 2 pièces différentes. — Myette. — Neyrat. — Nicolay. — Normandeau. — Ensemble 16 pièces.

661. Not de Vieux-Pont (J.-A. du). — Odile. — D'Origny. — Comtesse d'Ossun. — Pasquier de Messange. — Pastoret. — Ant.-Jacques Patu, par *lui-même*. — Perrichon de Vaudeuil. — Perrin de Sanson. — H. et J. Petit; 3 pièces différentes. — Petitpas. — (Peyst de Morcourt). — Peysson de Bacot. — Ensemble 15 pièces.

662. Philippe (Jean-Ant.). — Picot de Closrivière. — Pihan de la Forest. — Pingré de Fricamps. — Séminaire de St Charles à Poitiers. — (Polignac). — Polverel, par *Pallière*. — Pontchartrain. — Du Pont de Romémont. — Poulletier; 1772. — (Préaumont). — Pruvost. — Querangal de Quervisio. — Quillebeuf, par *Goüel*. — Am. de Quincy. — Ensemble 15 pièces.

663. Raussin; 2 états différents. — Richard d'Aubigny. — Richard de Ruffey, par *J.-B. Scotin*. — Rieu; in-8. — (Rigoley de Juvisy). — (Philibert de Rimont; 1730). — Robethon. — Rochambeau. — Fr. Roche, gr. par *Durand*. — Rochemore. — Armand-Jules de Rohan. — (Princesse de Rohan), par *Merché*. — Rolland. — (Ronchaut?) — Ronssin, par *Jacques*. — Ensemble 16 pièces.

664. (Rosen), par *Striedbeck*. — (Rosset?) — Rossignol. — Rousseau-Delaunois. — Roussel. — (Rubempré). — Château de Saint-

ANGE, gr. par *Baquoy*. — A. de SAINT-DIDIER, gr. par *Voysard*.
— SAINT-HILAIRE. — (SAINT-LAZARE); in-8. — SAINT-MAURICE;
3 pièces différentes. — Ensemble 13 pièces.

665. **Saint-Pol.** — SAINT-PORT. — SALVERT DE MONT-ROIGNON. —
SAMIER. — SARLOT. — (SARTINE). — SAUNIER. — SAUVION, gr. par
M. L. — SECOUSSE. — Vicomtesse de SÉGUR. — Comte de SÉRANS.
— SEVREY. — SOISSAN l'aîné. — (SUREMAIN?), par *Roy*. — Ensemble
14 pièces.

666. **Solier.** — STEINMAN. — Ant.-L. TELLUS, par *Veyrier; 1760*.
— TERRAY. — O. de THESUT. — THIERRY DE VILLEDAVRAY, par
Colinet. — THIROUX D'ARCONVILLE, gr. par *L(ouise) le D(aulceur)*,
d'après *H. Gravelot*. — (THIROUX DE CROSNE). — (THOMÉ DE FER-
RIÈRES). — TORCY. — Dom.-Barn. TURGOT; 1716. — (VAIPEAU?).
— VALLÉE, gr. par *Beaumont; 1730*. — (VASSOUS). — Ensemble
14 pièces.

667. **Vaucresson;** 2 pièces différentes, gr. par *Beaumont*. —
VAULSERRE DES ADRETS. — (VERTHAMON). — VICHET. — VICHY. —
(VILLEVAULT). — VILLIERS DU TERRAGE; 2 pièces dont une par
Branche et une étiquette, — VINGTDEUX. — (VIRY), par *Wasset*.
— VRIGNY. — Joseph XAUPI; 2 variantes, par *Avisse*, 1730. —
Ensemble 14 pièces.

668. **(Allain de Barbières).** — (Fr.-Alexis d'ANTOINE). —
(d'AOUST DE JUMELLES). — (Prince d'ARENBERG). — (ASSELIN DE
VILLEQUIER). — (BACHELIER DU PINIER). — (BALLEROY). — (BAL-
LIÈRE, par *Jacques* (nom gratté). — Jean BAUDELOT, par *Corlet*.
— (BAULARD D'ANGIREY). — (BELLAUD). — (BEAUDOIN DU BASSET).
— Ensemble 12 pièces.

669. **(Belli).** — (BENOIST). — (Nicolas BERGEOT). — (Prince de
BÉTHUNE), par *Delcourt fils*, à Tournai. — Mis de BIENCOURT.
— (Mme de BLONDEL D'AUBERS, née de Calonne). — (BOCHARD DE
SARON), par *Nonot*. — (BOISGELIN). — BOLLIOUD DE SAINT-JULIEN
(nom coupé). — (BOUTHILLIER DE CHAVIGNY). — BOUVARD DE FOUR-
QUEUX (nom gratté). — (de BOYNES). — (de BROGLIE), par *Des-
noyers*. — Ensemble 13 pièces.

670. **(Broussel).** — (BUHOT DE KERSEN?). — BUREAU. — (CADOINE
DE GABRIAC), par *Joseph Lemaire*, épreuve en sanguine. — (CA-
LONNE). — CAMUS DE PONTCARRÉ. — (du CAYLAR). — (Nic.-Robert

de Caze). — (Chamillart de la Suze). — (Chastenay de Fricon).
— (Académie de Chirurgie de Paris). — (Vireau des Espoisses).
— Ensemble 12 pièces.

671. **(Chavagnac).** — (Clermont-Gallerande). — (Colas de Ma-
rolles?); 2 variantes. — (Collin de Contrisson). — Duc de
Cossé. — Desains, notaire à Saint-Quentin. — (Des Hayes de
Forval). — Ph. Despont. — (Doger de Speville). — (Drouas,
évêque de Toul). — (Dupuy?). — Ensemble 12 pièces.

672. (Ctesse **Du Moustier de Vavre).** — (Durand de Fontenay).
— (Ficquet du Bocage), gr, par *Gamot*. — (Fléchier?). — Fou-
quet de Belle-Isle?). — Pierre Godefroy. — (Gontaut-Biron).
— Gougenot de Croissy. — François Grognard. — (Grossolles de
Flamarens). — Jac. d'Hailly. — F. d'Hervillez. — (Pierre-Fr.
Hugon). — Ensemble 13 pièces.

673. **Jacquin** (A.-P.). — Jaillot. — (Jehannot, marquis de Bar-
tillat). — (Johanne de Lacarre de Saumery). — Jourdan. —
Mis de Juigné; 2 pièces différentes. — (de Labarthe?). — Gene-
viève de Labriffe, comtesse de Choiseul. — La Cour Basleroy.
— (Lagorrée). — Michel de La Jonchère. — Ensemble 12 pièces.

674. **La Luzerne.** — (Langlois de Motteville). — La Salle de
Villeauval. — de Lassus. — Laussat, par *Baour*. — (de La
Vernette Saint-Maurice); 2 variantes dont une par *Louise du
Vivier*, 1737. — Le Besgue. — C. Le Blanc. — (Le Blant de
Castillon). — (Le Bouyer de Saint-Gervais). — J.-B. L'Ecuy. —
Ensemble 12 pièces.

675. **Le Cordier** (Étienne). — (Ledoux), gr. par *Coutellier*. — Le
Febvre de la Basse, par *Vacheron*, à Douai. — (Le Fèvre d'Or-
messon). — (Le Mesre de Pas). — Le Normant. — (Le Pelletier
de Martinville). — Le Prince. — Le Seigneur. — Le Tellier de
Courtanvaux. — Lohier. — Loppin de Masse. — Loppin de
Montmort. — Ensemble 13 pièces.

676. **Lusignan** (le comte de). — Lyautez. — Lyvet d'Arantot.
— (Machéco de Prémeaux). — Magon de Terlaye. — P.-T. Maine.
— Séraphin Malfait, par *Durig*, à Lille. — Nic. Malot. —
(Mareschal). — Georges-Louis Mareschal. — Marescot, par
Duplessis. — Mariette, 24 may 1751. — Ensemble 12 pièces.

677. Martin de la Bastide. — Cardinal MAURY. — de MEAUX. — de MERLET. — du METZ. — L.-E. MIDY, par *Gouël*. — MIDY DE LA GRAINERAIS, par *D*ᵗʰᵉ. — MIGNOT, abbé de Scellières. — MILLIN DE GRANDMAISON. — (MINSONAT). — MOLLEVAUT. — MONGEZ. — Ensemble 12 pièces.

678. (Montesquiou de Fezensac). — Mgr de MONTHOLON. — (MONTMORENCY-LUXEMBOURG). — (MONTMORON DE VIÈVRE). — MONT-RICHARD). — MOREL-DEPEISSES. — Cᵗᵉ de MORETON-CHABRILLAN, par *Traiteur*. — MORICEAU (légèrement détérioré). — (MOU-CHARD ?). — (Et. MOULINNEUF). — (MOURET DE CHATILLON). — J.-Ant. PHILIPPE. — Ensemble 12 pièces.

679. Murat. — (Mⁱˢᵉ de NARBONNE D'AUBIAC). — NICOLAY. — (Bᵒⁿ de NOUET). — Guid. NOUET. — (Ph. ORRY DE FULVY). — (PALLU DE LA BARRIÈRE). — PARAT DE LA CHALANDRAY. — (PARROCEL). — PELÉE DE VARENNES. — (PELLISSIER DE FÉLIGONDE). — PIGEAU. — PIHAN DE LA FOREST. — Ensemble 13 pièces.

680. (Pinon de Quincy). — PINSEAU DE LA MENARDIÈRE. — (Mᵐᵉ de POERIER D'AMFREVILLE). — POULLETIER, 1772. — (PRUD-HOMME), par *Nicole*, à Nancy, 1745. — QUILLEBEUF, par *Gouël*. — Ameline de QUINCY. — (Mⁱˢ de RIBIERS). — ROMANET DE ROSAY. — David Le Roy, gr. par *Beaumont*. — de RUMARE. — (SAINT-AURANT), 1726. — Ensemble 12 pièces.

681. Saint-Germain, marquise d'Albigny. — (SAINT-LAZARE). — SAINT-MAURICE. — SAINT-PAUL. — SAULOT. — SAUSSAYE. — SAVARY, 1756. — (SCHALAINCOURT DE BETTING), par *Allin*. — Henry de SÉGUR. — (De STAËL). — (SUAREZ D'AULAN), gr. par *Michel*, à Avignon, 1750. — (SUREMAIN ?), gr. par *Roy*. — (TALON). — TERRAY DE ROSIÈRES. — Ensemble 14 pièces.

682. (Texier d'Hautefeuille). — THIROUX DE MONDÉSIR ; 2 va-riantes. — (THOMÉ DE FERRIÈRES). — THYARD. — (TISSART). — TRUDON-DUTILLEUL. — (VALLIN DE SAINT-DIDIER), par *D. M.*, 1775. — Abbaye de VALLOIRES, par *Mathey*. — (VARAIGNES), par *Nonot*. — VERNISY (*dessin à la plume*). — (VERGENNES). — Ensemble 12 pièces.

683. Villeneuve (J.-P. de). — (VILLEVAULT). — (VINCENT, marquis d'Hautecourt). — André VIOLET. — (Jacques de VITRY ?) — Mⁱˢ de BIENCOURT. — JAILLOT. — (LANGLOIS DE MOTTEVILLE). — (Et. MOULINNEUF). — Cinq anonymes. — Ensemble 14 pièces.

684. **(Bernage)**. — (Blondel d'Aubers). — (Brunet d'Evry). — (Dreux de Brézé). — (Du Bellay). — (Durey de Sauroy). — (La Baume de Montrevel). — (La Peyronnie). — (Le Brun de Dinteville). — (Charles-Henri de Lorraine?) — (C. Massu de Fleury, abbé de Belchamp), gr. par *A. Houat l'aîné*. — (Payen de la Chaussée). — (René Pucelle), gr. par *Tardieu fils*. — (Des Réaux). — (De Virieu). — Ensemble 15 pièces.

685. **(Albert d'Ailly, duc de Chaulnes)**. — (Albert de Luynes, duc de Chevreuse). — d'Assenoy. — Baudelot, par *Corlet*. — (Isaac Beer). — Mis de Biencourt. — Bourlier l'aîné, 1750. — Chef d'hostel, gr. par *Goüel*. — E. et B. Delessert. — Desains. — J.-B. Descamps, par *N. Le Mire*. — Desligneris. — Detoulle. — Gaillard, par *Jacques*. — Ensemble 14 pièces.

686. **Boutaudon** (de). — P. Boyveau. — Duc de Brissac, par *George*. — Claret de la Tourette, 1719. — Cochin. — Coquereau. — Coppette. — Du Chemin. — Duchesne. — Du Pont de Romémont. — Du Rosnel. — Louis d'Espiennes. — Ensemble 12 pièces.

687. **(Estienne)**. — Gaillard, par *Jacques*. — Guelle-Tersy. — Guerrier de Dumast, par *Goby*. — J. Guillou. — J. d'Hailly. — (Imbert). — Abbaye de Notre-Dame d'Issoudun. — Maréchal Jourdan. — La Cropte de Bourzac, 2 pièces différentes. — (La Vernette Saint-Maurice). — Ensemble 12 pièces.

688. **Gigot d'Orcy**. — (Girardot de Préfonds). — Hailly. — (Le Peigné d'Ouménil). — Le Tellier de Courtanvaux. — (Le Tellier de Souvré, marquis de Louvois). — Nicolay. — Perrin de Sanson. — Soquence. — Lavergne, comte de Tressan (très légère détérioration). — Quatre anonymes, dont un gr. par *Viotte*. — Ensemble 14 pièces.

689. **Le Boucher**, par *Decaché*. — Le Sage. — Macquart. — Deterline, par *Merché*. — Quillebeuf, par *Goüel*. — (Saint-Lazare), in-16. — (Talleyrand). — (Vassous). — Cinq anonymes dont un par *Eisen*. — Ensemble 12 pièces.

690. **Anonymes**. — 12 pièces.

691. **Anonymes**. — 12 pièces.

692. **Anonymes**. — 12 pièces.

693. Anonymes, gravés par *Bunelle*, à Brest; *J.-B. de Ganhy; Jeanjean; Michel; Poize; Tardieu fils;* etc. — Ensemble 12 pièces.

694. Anonymes, dont trois gr. par *Baumès, Cava* et *Nicole.* — Ensemble 12 pièces.

695. Anonymes. — 14 pièces.

696. Anonymes. — 14 pièces.

697. Anonymes. — 14 pièces.

698. Anonymes. — 15 pièces dont cinq par *Eisen, Delcourt fils, Villez, Viotte, Brupacher.*

699. Anonymes. — 15 pièces.

700. Anonymes. — 15 pièces.

701. Anonymes. — 17 pièces.

Huit pièces sont détériorées.

702. Anonymes. — 19 pièces, dont deux légèrement détériorées.

703. Ex-libris armoriés au pochoir, timbres de bibliothèque, exlibris manuscrits, etc. — Réunion de 43 pièces.

CAQUÉ. — COCHIN. — DURBANC de Vibrac. — D'HASVENT. — de LA CONDAMINE. — Mis de LA ROCHETHULON. — LE COUTEULX de Caumont. — LE DRU. — REGNAULT. — de TORCY. — Etc., etc.

704. Étiquettes, toutes ornées *d'encadrements gravés sur bois.* — 40 pièces.

BANASTRE. — BACHEVILLIERS. — (BOSSUET?) — CHAMPCOUR. — COLLET. — COMPAIN; 1660. — COTTIER. — DEPLACE. — Général DUMAS. — EMMERY. — FAIVRE. — FLAVIGNY. — Abbaye de FOIGNY. — FOLIOT. — GOYET. — Etc., etc.

705. Étiquettes, toutes ornées *d'encadrements gravés sur bois.* — 44 pièces.

HILLET. — HULLOT; 2 états. — LABORDE. — LAFAITEUR. — LOISEMANT. — LUPPÉ. — MARCHA. — MARILLIER. — École des Mines de MOUSTIERS. — NERCY. — L. de PUGET. — RAMBAUD. — SUCHET. — TARBÉ. — THIERRY. — TONNELIER. — URIOT. — VILLEDEUIL. — YTHIER. — Etc., etc.

706. Étiquettes, la plupart avec *encadrements gravés sur bois.* — 50 pièces.

> Augé. — Bourgeois. — Breuvery. — Brunet. — Bruté. — Académie de Caen.— Comte Charpentier.— A. de Champcour.— Chevillard.— Clappier.— Compain. — de Crouy. — Delorme. — Destouches. — Du Pays. — Espiard de la Cour. — Faulcon. — Fleury. — Fortia. — Etc., etc.

707. Étiquettes, la plupart avec *encadrements gravés sur bois.* — 50 pièces.

> Nancy (Orphelines de). — Nercy. — Pascal. — Perisse. — Petit-pied. — Pincepré. — de Puget. — Ramard. — Rousseau. — Roussel. — Saint-Amand. — Sampigny. — Simon. — Maréchal Suchet. — Terray. — Tonnellier. — Touchet. — Vauchelle. — Villedeuil. — Ythier. — Etc., etc.

708. Étiquettes, la plupart avec *encadrements gravés sur bois.* — 55 pièces.

> Garnier. — Gigard. — Groult. — Gueffier. — Guillon. — Guyot. — Hache. — Dumirail. — Heurtier. — Honnorat. — La Borde. — Lamoignon. — Mis de La Plesnoye. — Leclercq. — Le Prince. — Malavois. — de Mars. — Marillier. — Monmerqué. — Morin. — Mouchet. — Etc., etc.

709. Armoiries, blasons de dédicaces, *ex-libris douteux,* réimpressions. — Réunion de 19 pièces.

> Armes de Joseph de Bragance, roi de Portugal (superbe pièce in-folio du xviiie siècle); d^e Louis XIII; Marie Leckzinska; Barberini; de Smet. — Réimpressions des ex-libris de J. P. Harmand de Montgarny; Fl. Joly; Halisot; Pichault de la Martinière; Roquencour; etc.

710. Armoiries, blasons de dédicaces, *ex-libris douteux,* etc. — Réunion de 23 pièces anonymes.

> Arrac de Vignes (d'). — Bavyn. — Bossuet. — Cousin de Grainville. — J.- A. de Croze-Lincel. — Fouques. — Frémont. — Gilbert des Voisins. — Johanne de Saumery. — Jolivet de Vannes. — de Lissalde. — Etc., etc.

XIXe SIÈCLE

711. Pincebourde (René); 3 pièces différentes par *Lebègue, Thiriez,* etc.

> Épreuves sur Japon auxquelles on a ajouté le DESSIN ORIGINAL signé, à l'encre et en couleur, de l'ex-libris exécuté par *L. Lebègue.*

712. Ex-libris modernes par divers artistes. (*Chaque lot sera vendu séparément.*)

1. — *30 pièces :* Roger ALLOU. — R. AMEIL. — d'ANDRÉ. — Henry ANDRÉ ; 2 pièces différentes. — d'ANGLADE. — C. ANIÉRÉ. — ARLOT de Sᵗ-SAUD — (ARNAULDET). — ASSELINEAU ; 3 pièces différentes. — AUBERT. — BADTS de Cugnac. — (BALÉZEAU). — Germain BAPST ; 2 états. — J. BARBIER. — BARNEL ; 2 pièces différentes. — (BARRAL). — Germain BARRÉ. — (BAUFFREMONT). — BAZOT. — Ed. de BEAUFORT ; 2 pièces différentes. — BEAUPRÉ. — Grand Séminaire de BEAUVAIS. — Paul BELLON. — De BÉOST.

2. — *30 pièces :* A. BÉRARD. — BÉRENGER. — BERRYER ; 2 pièces différentes. — (BERTIER de Sauvigny). — Am. BERTON. — BEUGNOT. — Louis BIHN. — (BISTON de Laurivinen) ; 4 pièces différentes. — J. BIZOUARD. — (BLACAS). — Cᵗᵉˢˢᵉ Xavier de BLACAS. — Louis BLANCARD. — (Fr. BLANCHARD). — BOCHARD de Saron). — (BOÉRIO). — (BONNEAU du Martray). — Dʳ BONNEJOY ; 2 états. — BONVOULOIR. — BOSCARY de Villeplaine. — Remy BOUCHARD. — Dʳ Lud. BOULAND ; 2 états. — GUSTAVE BOURCARD ; 3 pièces différentes.

3. — *30 pièces :* A. BOUILLET. — Ch. BOURET. — Alfred BOURGON. — BOURNEVILLE. — Aglaüs BOUVENNE ; 2 pièces différentes. — BOYER de Sᵗᵉ-Suzanne. — BOYVEAU. — BRÉAU : 2 pièces différentes. — BRESSE. — (BRIAND de Restout). — Aug. BRICHAUT. — (de BROC). — Léon BROCARD. — F. de BROSSARD. — (de BRUCE). — BUCAILLE. — BURGUET. — (Ph. BURTY). — CABOT La Fare. — CALVET-ROGNIAT. — CARAYON-LATOUR. — (CARBONNIÈRES). — Em. CARDON. — CARNAZET. — CASTELLANE. — CAZENAVE. — CHAMPAGNY de Cadore ; 2 pièces différentes.

4. — *30 pièces :* CHABEUF. — CHAMPFLEURY. — CHANDON de Briailles ; 3 variantes. — Eug. CHAPER. — CHARTENER. — Henri CHASLES. — Michel CHASLES. — Philarète CHASLES. — CHASSELOUP-LAUBAT. — CHASTELLUX ; 2 pièces différentes. — W. CHAUVIN. — CHAVAUDON. — CHAVERNAC. — (Paul CHENAL). — CHISSAY. — CHOPPIN de Villy. — CLAPIERS. — CLÉRICEAU ; 3 états différents. — (CLERMONT-TONNERRE) ; 2 pièces différentes. — V. COLOMB. — COMPIÈGNE. — (Léon CONQUET). — CONVENTS ; 2 pièces différentes. — CORBIÈRE.

5. — *30 pièces :* COSTA de Beauregard. — COURCY. — Ch. COUSIN, épreuve en couleur sur *Japon.* — COUSSEMAKER ; 2 pièces différentes. — Du CREST de Villeneuve. — (CROY). — (CUREL). — (DAGUIN). — DANYAU. — DEBRY. — DECOMBE. — DEGOUT. — (DEJEAN de St-Marcel ?). — (De DELLEY). — V.-F. DESGRAND. — DEZAUCHE. — DION. — DIVONNE. — L. DORBON ; 2 états, dont un *avant la lettre sur Chine.* — DOWNEY ; 2 états, dont un sur *Japon.* — Du BROC de Segange. — Du COURTHIAL. — F. DUFOUR. — Du LAU d'Allemans. — Maurice DUMOMT, sur *Japon.* — Du PAN-SARASIN. — A.-G. Du PLESSIS.

6. — *30 pièces :* Du PUY de Belvèze. — (DURIER). — DURIS du Fresne. — Du ROSIER de Magnien. — H. Du ROSNEL. — Ad. d'EICHTHAL. — Edmond ENGELMANN ; 2 pièces différentes. — (Paul EUDEL). — Aug. FABRE. — (FAULTRIER). — (FENOYL). — Mᵐᵉ de FONTENAY. — Mˡˡ de FORTIA. — Cᵗᵉ de FORTIS. — (V. FOUCHER). — (de FOUCHÈRES). — Jules FOUGÈRES ; 2 états dont un sur *Japon.* — G. du FRESNE de Beaucourt. — (FROIDFOND de Florian). — (FUSINO ?) — F. de GALLATIN. — (GALLIFFET). — E. GANDOUIN. — (Théophile GAUTIER). — Marie GEORGEL. — F. GERMAIN. — Léon GERMAIN. — Ad. de GIVRY.

7. — *30 pièces* : Gidel (L.); 3 pièces différentes. — L. de Givenchy :
2 pièces différentes. — Gontaut-Biron. — H. Gouin, — (Gourio de Refuge).
— Goury du Roslan. — de Gramont; 3 pièces différentes. — de Grancey. —
Grandin de l'Eprevier; 5 pièces différentes. — (Grandjean d'Alteville). — Léon
Gruel; 3 pièces différentes. — Guéneau d'Aumont. — Guéneau de Mussy;
3 pièces différentes. — Harcourt; 2 pièces différentes. — Hartmann. —
Hausen de Veidesheim.

8. — *30 pièces* : (Hellé), épreuve *avant la lettre*, sur *Japon*. — A. Hénin
— (Ricardo Hérédia). — Fréd. Hillemacher ; 2 variantes. — Horric de Beau-
caire. — (Horric de la Motte-St-Genis). — (d'Hotelans). — Houitte de
Lachesnais. — Victor Hugo, épreuve sur *Chine*, avec *envoi autographe d'A.
Bouvenne*. — J. Huvé. — Ibarrart d'Etchegoyen. — d'Imécourt; 3 pièces
différentes. — A. Ingold. — L. Jacquet. — (O. Jahn). — de Jallerange.
— Jametel. — Janvier de la Motte. — Jolibois. — Jolly-Bavoillot. —
Camille Jordan. — B. Jouvin. — (Kastner). — (Kerret). — (J. Labarte). —
Bibliothèque de La Belle Fontaine. — La Béraudière.

9. — *30 pièces* : Labriffe (Mis de). — (P. Lacroix). — La Cuisine; 2 pièces
différentes. — Lagondie. — F. de Lagrange. — La Grange-Carroll. — Ad.
Lainé. — Ed. de Lalaing. — Lamartine. — La Mazelière. — Henri Lam-
bert. — (Lambilly). — La Motte-Henry. — H. Langlois. — Cte de Lanjuinais.
— Éd. de Laplane. — (La Saussaye); 2 états différents. — (Las Cases). — de
Lassus; 3 pièces différentes. — (La Tour). — Laugier. — La Villéon. — Layre.
— (Léautaud). — Le Barbier de Tinan). — Lebègue, épreuve sur *Japon*.

10. — *30 pièces* : Le Bouyer de Monhoudon. — (Le Breton). — Le Cou-
teulx. — A. Legrand. — Ch. Le Maire. — Le Mansois du Prey. — (Le Marois).
— (L'Épine, dit Quatrelles). — Le Proux. — L'Esperonnière. — Lespérut.
— L'Hérault. — (Lignerac de Caylus). — Lignières. — Max. Lorin. — de
Lormeau. — (Ch. Lormier). — (Mis de Lubersac). — (Mis de Luppé). — Lu-
serna. — Bon de Mackau. — Mac-Mahon ; 2 pièces différentes. — (Madden).
— Magny; 2 pièces différentes. — Mancel. — C. de Mandre. — Bon de Mar-
bot; 2 pièces différentes.

11. — *30 pièces* : Marcel (Eug.). — Marescot; 2 pièces différentes. — Ma-
rigues de Champ-Repus. — Château de Marines. — Marisy. — Marius-
Michel. — Alex. Martel. — Alexis Martin. — Emm. Martin. — (duc de
Massa). — École Massillon; 4 états différents, dont un *avant la lettre* et
deux sur *Japon*. — Masurier. — (Mathan). — G. Maury. — Monceaux ;
2 états différents. — Moncuit de Boiscuillé. — Charles Monselet. — (Moustiers de Mérinville). — Montalembert; 2 pièces différentes. — Montalivet ;
3 pièces différentes. — Montgomery. — Fréd. Moreau.

12. — *30 pièces* : Morel (A. de). — Morel-Fatio. — V. Mourié. — Moynier.
— (Nadar). — Nettancourt-Vaubecourt. — Neufville de Villeroy. — Ed.
de Neuilly. — A. de Neuville. — Nicolay ; 2 pièces différentes. — (Noailles).
— (Mme de Noé). — Ed. Noel. — Em. Olive. — O'Relly. — (d'Origny). — Eug.
Paillet. — Palluat de Besset; 2 pièces différentes. — (Pautin). — Pardon-
neau. — Ville de Paris. — A. Pascal. — Pastoret. — A. Payan-Dumoulin.
— (Pelay). — (Pelleport). — Guy Pellion. — (Pepin-Lehalleur).

13. — *30 pièces* : Petit (Alfred). — A. Piat. — (Bon Pichon). — (Amédée
Pichot). — A. Piet ; 2 états. — Elz. Pin. — (Paul Pinson). — Piolenc ;

2 pièces différentes. — Pixerécourt ; 2 pièces différentes. — (Poëly). — (Poncins). — Potier de Courcy). — (Poulet-Malassis). — Powell. — Ch. Prévôt. — Mario Proth. — Cᵗᵉ de Puiseux. — Queux de Sᵗ-Hilaire. — Quinsonas. — F. Rabut. — (Rachel). — Raincourt. — Rambuteau. — Raverot. — J. Réaux ; épreuve en sanguine. — (Remusat). — J. Renard.

14. — *30 pièces* : Renaud. — Renier. — Requin. — Albert Richard. — Jules Richard. — Mᵍʳ Richard. — (Richemont). — Robersart. — Rochethulon. — Roederer. — Rolland. — Romand. — Rougé ; 2 pièces différentes. — B. de Rouvre. — Alph. Royer. — J. Royer. — (Ruggieri). — A. Saffroy ; 2 pièces différentes. — (Léon Sage). — Saint-Agnan-Boucher. — Saint-Geniès. — Séminaire de Saint-Sulpice. — P. de Saint-Victor. — Bᵒⁿ de Sainte-Avoye. — Collège de Sainte-Barbe. — (G. Salleron), épreuve *avant la lettre.* — Salogne.

15. — *30 pièces* : Sartorio (Charles) ; 2 pièces différentes. — Ch. Sauvageot ; 2 variantes. — Scarpellini-Le Grontec. — Paul Schmidt. — (A. Sciama). — Louis de Ségur. — Senevas. — Château de Sigy. — Ch. Silvain. — Skimer. — Société héraldique. — Solar ; 2 pièces différentes par *Bida* et *Paul Chenay.* — Standish. — Stell. — (Talleyrand). — Tascher de la Pagerie. — Ternas. — Louis Tissier. — Maurice Tourneux ; *épreuve d'artiste,* sur *Japon,* avec *remarque.* — Tourret. — Oratoriens de Tours. — Château de Toury sur Abron. — (Treilhard). — Tresvaux de Berteux. — Ch. Truinet. — Mⁱˢ de Villoutreys. — Général de Vincent.

16. — *30 pièces* : Uzanne (Octave) ; 2 pièces différentes, dont une en six états. — Duchesse d'Uzès. — Vallois. — Valadous. — Vaudreuil ; 2 pièces différentes. — (Vaulchier). — Paul Vibert. — Th. Vibert. — Cadier, baron de Veauce. — Vimar. — Bazot. — M. Chasles. — Convents. — L. Dorbon. — (Foucher). — (A. Hénin). — (G. Kastner). — F. de Lagrange. — Ad. Lainé. — (Lubersac). — Mac-Mahon. — Pastoret. — Queux de Sᵗ-Hilaire. — (Talleyrand).

17. — *30 pièces* : Vicaire (Georges) ; 2 états différents. — Ville-d'Avray. — Mⁱˢ de Villoutreys. — Vimar. — (Général de Vincent). — Aug. Vincent. — G. Vincent. — (Cᵗᵉ de Vyau). — P. de Witt. — (Général Yung). — Zachmann. — M. Chasles. — (A. Quantin). — (Treilhard). — Quinze anonymes.

18. — *30 pièces* : André (Henry) ; par *lui-même.* (Épreuve d'artiste). — Barberey. — Duchesse de Berry ; 2 pièces différentes. — Berryer. — (Biston). — Couraud. — Du Plantier. — Duval. — H. Fromageot. — L. de Givenchy. — Gramont. — Houbigant. — D'Huteau. — Jourdan. — Lemercier. — Mandre. — Emm. Martin. — Mollevaut. — Pontchartrain. — Romand. — (Richard de Vesvrotte). — Saint-Chamans. — (Semallé). — Truinet. — Six anonymes.

19. — *34 pièces* : Affry de la Monnoye. — (Ansart). — Aubert. — (Audenet). — L. Auvray ; 2 pièces différentes. — Bargallo. — Barré. — Beaupré. — Blancard. — Bonnejoy. — Bontemps. — Dʳ Bouland. — Boyveau. — Briant de Laubrière ; 2 pièces différentes. — Ph. Burty. — Cabot-Lafare. — Cartault. — H. de Castries. — Chapelié. — Chardey. — Convents ; 2 pièces différentes. — Crouslé. — (P. Deschamps). — Desgrand. — Destailleur. — A.-F. Didot ; 3 pièces différentes. — (Doazan). — Dugas. — (Du Hamel). — Duris du Fresne. — Félix.

20. — *34 pièces :* (Eudel). — Frédéric-Moreau. — (Galliffet). — Georgel. — (Gourio de Refuge); 2 variantes. — Goury du Roslan. — Grossolles-
Flamarens. — (P. Guillemin). — Hermand. — Herpin. — Hillemacher. —
Laferrière. — (La Saussaye). — (La Tour). — Laugier. — Le Bayon ;
2 pièces différentes. — Le Brun. — Leclère. — Lesergeant de Monnecove.
— Lhote. — (Ch. Lormier). — Luserna. — Magny. — Mancel. — Mandre. —
Eug. Marcel. — Montgrand; 2 variantes. — Mornay-Soult. — Mourié. —
Nettancourt-Vaubecourt.

21. — *35 pièces :* Oltramare. — Payan-Dumoulin. — Alfred Piat ; 4 pièces
différentes dont une in-4 *en couleur.* — A. Piet ; 2 variantes. — Pixerécourt.
— (J. Poinat). — (Poulet-Malassis). — Powell. — (Quantin); 2 variantes. —
Quicherat. — Raisin. — J. Réaux. — Renaud. — Romand. — E. de Rozière ;
2 pièces différentes. — Saint-Victor. — W. de Sars. — Simony. — Société
héraldique. — Strobel. — Thannberg; 2 pièces différentes. — Thiéry. —
Vallois. — Vaufreland. — Viennot d'Églantine. — (Viollet-le-Duc). —
Wittmann. — Etc.

22. — *33 pièces :* Barbier (J.). — Berryer ; 2 pièces différentes. — (Blanchard). — Bourcard. — Caix de Saint-Aymour. — Gardon. — Chapais. —
Chaumont. — Choppin. — Fortia. — Guerrier. — Houbigant. — (Joliet).
— Lagrange. — Emm. Martin. — École Massillon. — Ant. Monnier. —
(Mme Moy). — Gabrielle Moynel. — Th. Powell ; 4 pièces différentes. —
Ed. Quet. — Saint-Simon. — Tascher de la Pagerie. — Ville-d'Avray. —
Vimar. — Quatre anonymes.

23. — *31 pièces anonymes.*

------

713. — Étiquettes, la plupart avec *encadrements* gravés sur bois
ou lithographiés.

Advielle. — Adolphe Audenet. — Chautard. — De Courtils. — Destailleur. — L. Double. — Du Plessis. — Emm. Gonse. — Vicomte de Grancey.
— Jules Janin. — La Roche-Lacarelle. — Le Brun de Neuville. — Baron
Pichon. — Rouard. — Etc., etc.

714. Armoiries ; réimpressions et fac-similés d'ex-libris ; ex-libris
imaginaires et supposés ; etc. — Réunion de 58 pièces.

ÉTRANGER

BELGIQUE ET HOLLANDE

XVIIIe ET XIXe SIÈCLES

715 **(Arents).** — (Prince de LIGNE). — (VILAIN XIIII); 2 pièces différentes dont une gr. par *F. Heylbrouck.* — Ensemble 4 pièces.

716. **(Michiels, J.-G.),** gr. par *L. Fruytiers.*

717. **(Moreel,** ou MOURCOURT?); in-8.

718. **(Borluut).** — CLEENEWEREK DE CRAYENCOUR, par *Heyman;* 1768. — Comte de CUYPERS. — DESTOUCHES, par *Brochéry.* — GHESQUIÈRE DE LIMBRECK. — GOTTIGNIES. — HARTMAN. — HASSELAER. — LANGHETÉE DE GHYVELDEHOVE, par *J.-B. Carpentier.* — (Prince de LIGNE). — Corn. Henry a ROY; 2 états différents. —(SCHERER DE SCHERBURG) —(STEENBOURG). — (VAN MOLS). — (Van der WAEYEN-WARIN). — WEVELINCHOVEN; 2 pièces différentes dont une détériorée. — Trois anonymes par *Fruytiers* et *Heylbrouck.* — Ensemble 21 pièces.

719. **(Gervais).** — Van der HELLE. — (HUYTHEMS). — Van LATHEM. — MARTENS. — (Van MOLS). — (WAERNEWYCK). — (WAEYEN-WARIN). — Six anonymes. — Ensemble 14 pièces.

---

720. Trente-deux pièces modernes.

AGOTY (d'). — J. d'ANETHAN. — Van den BERG. — Van den BOGAERDE; 2 états différents. — BORLUUT de Noortdonck; 2 pièces différentes. — (d'HINNISDAEL). — (MEULMANN). — Comtesse de MONTBLANC. — MORIALMEZ. — Von der MULHEN; 2 états différents. — PIETERS. — POWIS. — (VERCKEN). — VEYDT. — Etc., etc.

ITALIE

XVIIIᵉ ET XIXᵉ SIÈCLES

721. Malaspina (le marquis de), gr. par *P. Zancon;* petit in-8
en largeur.

722. Acquaviva (le Prince J.-B. d'). — Angelo ANTONELLI. —
(ARCHINTO). — Ant. BOCCHI; 1765. — CARACCIOLO DELLA TORELLA.
— Lod. CAVALLI. — Ant. FACIPECORA. — Abbé GAZZERA. — GUA-
DAGNI. — Domenico LEVERA; 2 pièces différentes. — Jac.-Jos.
Comte de MAHONY, gr. par *Franc. Cepparuti* (?) — Ensemble
12 pièces.

723. (Castelli). — (FONTANELLI). — MARSUZI. — (PIGNATELLI d'Eg-
mont?). — (Lud. PISANI). — REGA. — TERZI (pièce dessinée à
la plume et coloriée). — VERNACCIA. — Sept anonymes. —
Ensemble 15 pièces.

724. Marefoschi (le cardinal). — PERRACHINO. — (PISANI). —
TETTONI. — TONTOLI; tiré en bleu. — VALPERGIA. — ZANARDI. —
Sept anonymes dont quatre ecclésiastiques. — Ensemble
14 pièces.

---

725. Vingt-sept pièces modernes.

AQUILA (comte d'). — BERTARELLI. — BORGHÈSE. — S. A. R. Charles-Louis
de BOURBON, duc de Parme; 4 pièces différentes. — CAVALCANTI; 2 pièces
différentes. — (CORRER). — FRANCHETTI. — J. GELLI; 2 pièces différentes. —
B. GRANDI. — LOMELLINI. — (MARCHETTI). — MARESCALCHI. — NENCINI. — Etc

SUISSE

XVIIIᵉ ET XIXᵉ SIÈCLES

726. Manuel (Rud.-Gab.), gr. par *Dunker*, d'après *R.-G. Manuel;*
in-8.

Très belle pièce.

727. Constant-Rebecque (de); 2 pièces différentes dont une
anonyme du XVIIᵉ siècle. — Aug. FRÉMIOT, par *Brenet;* 1737. —
FRISCHING. — Diethelm LAVATER, gr. par *Schellenberg.* — G. de

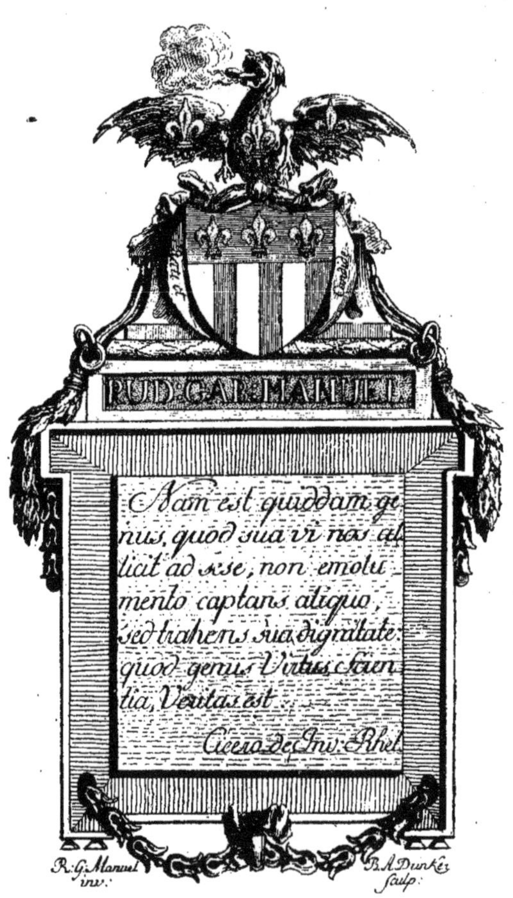

N° 726 du Catalogue.

Reynold, gr. par *Striedbeck*. — Robillard, gr. par *C.-G. Geissler*.
— (Steiger-Montricher). — Adornus de Tscharner. — Anonyme.
— Ensemble 10 pièces.

728. **(Meuron)** (de). — Fr.-J. Pins. — (Rossières?). — de Wallier; 1792. — Anonyme. — Ensemble 5 pièces.

729. — Treize pièces modernes.
(Bordier). — (de Chambrier). — Forer. — Geering. — Güder. — Hier.
Imhoff. — Maurer. — (Morell), par *Wyss*. — Orsi von Reichenberg. —
Arnold Roth. — Zeltner. — Zurlauben. — Anonyme.

ALLEMAGNE

XVIIᵉ, XVIIIᵉ ET XIXᵉ SIÈCLES

730. **Lang** (Nicolas), gr. par *Hurnliman*.
Rare.

731. **Seyringer** (Joh.-Karl), gr. par *J. de Lespier*, en 1692; petit in-8.
Rare.

732. **Borch** (W., comte de), gr. par *S. Halle*, à Berlin, en 1790. — 2 pièces différentes in-12 et in-4.

733. **(Archenholtz?).** — (Von Erlach). — Schönen. — Treize anonymes. — Ensemble 16 pièces.

734. **Chotek**; 2 pièces différentes par *Joh. Boehm*. — Coreth; 1732. — Archiduchesse Elisabeth. — Feuerlein. — Fugger de Mickhausen. — Haxthausen, gr. par *Winckler;* 1772. — (Heiden von Beldersbuch). — Kollonitz. — (Von Le Fort). — (Luther). — Pfaehler. — (Comtesse de Preysing). — Bibliothèque de Rebdorf. — Ensemble 14 pièces.

735. **Schmid**. — (Sobolewski), gr. par *Hoenig*. — Spielmann, gr. par *Striedbeck*. — Spycket. — Svajer. — Walbott-Bornheim. — Sept anonymes. — Ensemble 13 pièces.

736. **Borch** (Comte de), par *S. Halle*. — Kobes, par *J.-L. Stahl*. — (La Marck). — (Karl.-Fried. Luther). — D.-Fr. du Meiz. — Jeremias Mitz. — Anton Mohr. — Muller. — (Bibliotheca scholarum Nicolspurgensis). — Trois anonymes. — Ensemble 12 pièces.

737. Schwarz (Christ.-Gottl.). — Franz (TÖPSEL), prieur du monastère de Polling, 1744. — Joh.-Christ. WAGENSEIL. — G.-E. von WAGNER, par *Wisard*. — (F.-E. von WALLMODEN). — ZAHN. — Six anonymes. — Ensemble 12 pièces.

---

738. Ex-libris modernes par divers artistes. (*Chaque lot sera vendu séparément.*)

   1. — *24 pièces* : BLANKE-BURCKHARD. — EBNER. — FELSING. — HÜTTEROTT; 2 pièces différentes. — KNOEZINGER. — Karl KOCH; 2 pièces différentes. — SARRIN. — SCHULZ-EULER. — Ernst SPEER. — STOEHR. — Etc., etc. Douze pièces sont en chromolithographie, ou en héliogravure.

   2. — *36 pièces* : BAMBERG (Félix). — BARCKHAUS. — BAUMANN. — BENKARD; 2 états différents. — BOAS. — BÖCKING. — (BOEHM); 4 pièces différentes. — BUSSE; 2 pièces différentes. — DASSEL; 4 pièces différentes. — ECKARDT. — (FRIEDLANDER). — (HAKE). — W. von HEINZ; 2 pièces différentes. — HENZLER. — KISSEL. — Etc., etc.

   3. — *36 pièces* ; LANGENSCHEIDT; 7 pièces différentes. — LEININGEN-WESTERURG; 2 pièces différentes. — LESSING. — MEYER. — NEVENDORFF. — SCHMIDT. — SEYLER; 2 pièces différentes. — SCHMIDT; 3 états différents. — SPRINGER. — STRAUSBERG. — WARNECKE; 2 pièces différentes. — WOLBRANDT; 3 pièces différentes. — ZARNCKE. — Etc., etc.

ANGLETERRE

XVIIIe ET XIXe SIÈCLES

739. Adams (Benj.). — AILESBURY. — BARRETT OF LEE. — BLOUNT OF SODINGTON. — BEAUFOY. — BOLTS. — Th. BOWEN. — BREADALBANE. — BRUCE OF AMPTHILL; 1712; 3 pièces différentes. — BUCCLEUGH. — BUTE. — CARNARVON. — Ensemble 14 pièces.

740. Carter. — CODRINGTON. — COKE; 2 pièces différentes. — CONSTABLE. — DISNEY. — DONEGALL, gr. par *Yates*. — (ELLIOT). — EVERARD. — FALCONER. — FAWKENER. — George, duke of GORDON. — (GORDON OF LETTON). — GREENWAY. — Ensemble 14 pièces.

741. Hardwicke (Lord). — HYNDFORD; 1743. — JOYNES. — Lord KINGSLAND. — Comtesse de LAUFRET. — Ch. LEE. — MASON. — MAWBEY. — MENDES; 1746. — METHUEN. — (NICOLSON). — PEACHEY; 1782. — ROGERS. — RUTLAND. — Ensemble 14 pièces.

742. Scott of Balcomie. — SELWYN. — SINCLAIR. — SOUTHCOTE.
— VAUGHAN. — WHATLEY. — WINCHILSEA. — Sept anonymes.
— Ensemble 14 pièces.

743. Cruttenden. — DIXON. — FAUQUIER. — GAISFORD. — (GORDON
OF LETTON). — HAMMOND. — W. JONES, par *Duchesne*. — KEATING.
— (NICOLSON). — ROBINSON. — STANESBY-ALCHORNE. — Sept
anonymes. — Ensemble 18 pièces, dont quatre du XIXe siècle.

---

*7*44. **Ex libris** modernes. *(Chaque lot sera vendu séparément.)*

1. — *32 pièces :* ABDY. — AUBERT. — BEAUFOY. — BOWEN. — W.-B. CRAW-
FORD. — DRUMMOND ; 2 pièces différentes. — GREY. — HUNTINGTON. — MAC-
CARTHY. — PLANCHE. — SCOTT OF BELLEVUE. — SHREWSBURY. — SYSYON PARK.
— WILLEMENT. — Robert WRIGHT. — Etc., etc.

2. — *40 pièces :* (ADAM of Blair-Adam). — Ch. Dexter ALLEN ; 8 pièces ou
états différents. — ANDERTON ; 2 pièces différentes. — ARMSTRONG : 2 pièces
différentes. — AYLWARD. — BAILLIE ; 2 pièces différentes. — BEDFORD. —
BELMORE ; 2 pièces différentes. — Napoléon BENARD. — Etc., etc.

3. — *40 pièces :* BLACKWELL. — BLANCKLEY. — BREE. — BROOKS. —
J.-R. BROWN. — BRYANT. — BRYNKINALT. — BUCKSFORD. — Ch. CAMERON. —
CARSON. — CHICHESTER. — CHURCHILL. — COLEMAN. — COLLIER. — Etc., etc.

4. — *40 pièces :* COLLINS. — CONGREVE. — CORBETT. — COX. — DASHWOOD.
— DAVIDSON. — DAVIS. — DOWNING ; 2 pièces différentes. — DRAKE. —
DRAKELOWE. — DUFFERIN. — DUNCOMBE. — (FINCHAM). — Etc., etc.

5. — *40 pièces :* ENNISKILLEN. — ESSEX. — FEILDING. — FITZCLARENCE. —
FITZGERALD. — Margaret FOOT. — GAISFORD. — GREENE ; 3 pièces différentes.
— GREY. — GREYSTORE ; 2 pièces (dont le *dessin original*). — Eliza GULSTON ;
3 variantes. — GUNNING. — Etc., etc.

6. — *40 pièces :* HATH. — HAMILTON. — HARRINGTON. — HARRIS. — HEATH-
COTE, 3 variantes. — HOPKINS ; 2 états différents. — HOWARD ; 3 pièces
différentes. — JONES. — KEIR. — KERR de Lothian ; 2 états différents. —
KIMBOLTON. — KYNASTON. — Etc., etc.

7. — *40 pièces :* LEAKE. — LYGON. — MACAIRE. — Th. MANDER ; 2 pièces
différentes en chromolithogr. — MARJORIBANKS. — MARRYAT. — MARSHALL ;
2 pièces différentes. — METCALFE. — (MIDDLETON). — MITCHELL. — MURRAY ;
2 états différents. — NEISH. — NORFOLK. — NURCE. — ORR. — Etc., etc.

8. — *45 pièces :* PARISH. — Rev. PETERSEN ; 2 pièces différentes. — PIGOU.
— POWYS. — QUINN. — RAVENEL. — RAWSON. — ROBERTSON. — ROBINSON. —
SARGEANT. — SIMON ; 3 pièces différentes. — SMITH. — Etc., etc.

9. — *45 pièces :* SPENCER. — SOMERS ; 3 pièces différentes. — STAFFORD.
— SULLIVAN. — SUNDERMAN. — (Duc de SUSSEX) ; 2 pièces différentes. —

Symmons. — Thomson. — Tichborne. — Vernon. — Vicars; 2 pièces différentes. — Wallace. — Watton. — Weldon ; 3 pièces différentes. — Wilberforce. — Woodbury; 2 pièces différentes. — Wright. — Etc., etc.

DIVERS

745. Ex-libris espagnols, portugais et brésiliens, anciens et modernes. — 16 pièces.

Canovas del Castillo. — Ricardo Heredia ; 3 états différents. — Duc de Hyjar. — Lorenzo de Larrazabal. — Duc de Montpensier. — Morante. — (Philippe V?). — Ribeiro de Sa. — Salva. — Hercule de Silva. — J.-M. da Silva Paranhos. — Eugenio du Tremoul. — Los Irmãos da Verdade, à Rio de Janeiro. — Anonyme.

Trois pièces sont du xviiiᵉ siècle.

746. Ex-libris modernes d'amateurs suédois, russes, grecs, etc. — 15 pièces.

(Adelsward). — Boutourlin; 3 pièces différentes. — Cichowskiego. — Augustin Galitzin. — Karajan. — Lilljenstedt. — (Mavrocordato). — (Metchérsky). — Malejowce. — Psichari. — Sobolewski. — Etc.

L'ex-libris de Lilljenstedt (Suède) est du xviiiᵉ siècle.

747. Étiquettes anciennes et modernes d'amateurs allemands, anglais, espagnols, hollandais, italiens, etc.; la plupart ornés *d'encadrements gravés sur bois.* — 43 pièces.

Astorga. — Barclay. — Carafa. — Cotham. — La landgrave de Hesse-Darmstadt. — Prince d'Isemburg. — Mitler. — Pitra. — Rossi. — Sismondi. — Spietz. — Terzi. — R.-S. Turner. — Wieser. — Scuola di Matematica del battaglione dell' Artigliera e del corpo degl' Ingegneri di S. A. R. — Etc.

748. Réimpressions d'ex-libris allemands, suisses, hollandais et italiens des xviᵉ, xviiᵉ et xviiiᵉ siècles; blasons de dédicaces; pièces douteuses; etc., etc. — Réunion de 36 pièces.

---

749. Archives de la Société française des Collectionneurs d'Ex-libris. *Paris*, 1894-1899, 6 années en 1 vol. br. et 60 livraisons gr. in-8, nombr. pl. hors texte et fig. dans le texte.

Le deuxième numéro de l'année 1894 manque.

---

750. Adresses et étiquettes anciennes et modernes, la plupart illustrées. — Réunion de 13 pièces.

A la Tête noire. — Eau des vrais pères de l'Oratoire. — Osbert, artiste-peintre. — Savon émollient au lait de laitue. — Maraschino de Zara. — Etc.

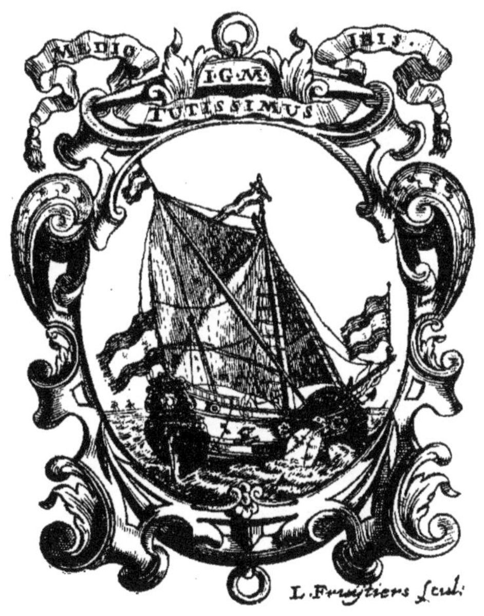

TABLE DES DIVISIONS

FRANCE

ÉTRANGER

N° 1094-III

Paris. — Typ. PH. RENOUARD, 19, rue des Saints-Pères. — 44757.